*Katja Slott*y · Transparente Fensterbilder

W0059055

KATJA SLOTTY

TRANSPARENTE FENSTERBILDER
DIE SCHÖNSTEN MOTIVE

MIT VORLAGEN IN ORIGINALGRÖSSE

Christophorus-Verlag · Freiburg i. Br.

Inhaltsverzeichnis

Licht, Farbe und Form

Bevor ich auf die transparenten Fensterbilder näher eingehe, sollen einige Gedanken über Licht und Farbe auf das Thema einstimmen. Damit hole ich nur scheinbar zu weit aus, denn Licht und Farbe sind die wesentlichsten Elemente, mit denen ich arbeite und spiele, um ein transparentes Fensterbild wirken zu lassen.

Licht gehört zu den großartigsten, natürlichen Erscheinungen unserer Welt. Es macht das Leben und alles, was uns umgibt, erst möglich. Es bewirkt die Photosynthese in den Grünpflanzen, wodurch Sauerstoff entsteht, und darüber hinaus macht es möglich, daß unsere Augen die vielfältigen Farben und Formen um uns herum sehen können.

Damit hat es nicht nur großen Einfluß auf unser körperliches Wohlergehen, sondern auch auf unser Gefühlsleben, denn Farben lösen Gefühle aus.

Die Industrie kennt und nutzt diese Tatsache bei der Farbgebung ihrer Produkte. Geschäftsleute und Unternehmen lassen sich von Psychologen beraten, welche Farben besonders positiv in ihrem Sinn auf Angestellte und Kunden wirken.

Und noch ein ganz anderes Beispiel dafür, wie Farbe, ob nun unbewußt oder bewußt, im Leben eine Rolle spielt: Als Pablo Picasso anfing zu malen, war er arm und fand mit seiner damals noch gegenständlichen Malweise zunächst keine Beachtung. Die heute sehr gefragten, wunderschönen Bilder dieser Zeit sind alle in Blautönen gehalten. Sie gehören zur sogenannten „Blauen Periode", auf die aber rasch die „Rosa Periode" folgte, als man anfing, seine Bilder zu kaufen, er sein Auskommen fand und die Anerkennung wuchs.

Aber auch ohne all dieses interessante Wissen spürt fast jeder, daß bunt leuchtende Farben fröhlich stimmen. Wenn man es also schafft, Farben in ansprechende, harmonische Formen zu „verpacken", kann sich kaum jemand ihrem positiven Einfluß entziehen. Was liegt da näher, als das Tageslicht in den schönsten transparenten Fensterbildern einzufangen. Unsere Vorfahren haben das übrigens schon vor langer Zeit getan. Denken Sie nur an die herrlichen Kirchenfenster oder an die bleigefaßten bunten Darstellungen an alten Fenstern der Patrizierwohnungen. Die nüchternen, oft sehr großen Glasfenster unserer Zeit schreien da geradezu nach der Auflockerung durch selbstgefertigte Fensterbilder.

Das ganze Jahr hindurch bietet sich uns durch den Ablauf der Jahreszeiten, durch Brauchtum, Feste und verschiedenste Ereignisse eine Fülle von Motiven, die mit den Glücksbringern zum Jahresanfang beginnen und über Fastnacht, Frühlingsboten, Ostern, Muttertag, Sommerliches, Herbstimpressionen, Erntedank, Advent, Nikolaus und Weihnachten einen weiten Bogen über das Jahresgeschehen spannen. Selbst zu Geburtstagen können Sie das ganz persönliche Fensterbild anhand eines Sternzeichens gestalten, und auch für Kinder oder andere Märchenliebhaber läßt sich mit Schneewittchen, Hänsel und Gretel, Rotkäppchen oder Sterntaler das passende Geschenk finden. Doch egal, für welche Motive Sie sich entscheiden, die Arbeit mit dem bunten Papier bringt Freude. Probieren Sie es aus, und „verpacken" Sie selbst Licht und Farbe in schönen Formen zu Ihren eigenen Fensterbildern.

Viele Gestaltungsmöglichkeiten

Transparente Fensterbilder können sehr vielgestaltig sein, denn der Ideenreichtum kann sich hier unbegrenzt entfalten. Anfangs wird ein Motiv allerdings ein wenig vom eigenen Können diktiert, sehr rasch richtet sich die Motivwahl aber nur noch nach dem, was einem einfällt und gefällt. Sehr leicht kann Wunderschönes ans Fenster gezaubert werden, daß auch ein „Fensterbildspezialist" begeistert ist. Probieren Sie doch einmal aus, wie es wirkt, in mehrfach gefaltetes schwarzes Tonpapier Fantasieformen zu schneiden. Es entstehen einfache Scherenschnitte, deren Innenkonturen mit buntem Transparentpapier hinterklebt werden können. Hängt man mehrere dieser einfachsten Fensterbildchen zusammen an ein Fenster, ist es ein Effekt mit besonderem Reiz. Manche mögen farbige Graphiken, andere bevorzugen abstrakte Motive oder finden naive Formen am schönsten. Die meisten Leute sprechen allerdings auf klare, der Natur nachempfundene Formen an.

Doch egal, welche Stilrichtung gewählt wird, ein Motiv kann auch jetzt noch mannigfaltig variiert werden: z.B. als Drehbild, Mobile oder Darstellung mit oder ohne Rahmen. Außerdem verändert sich der Gesamteindruck eines Fensterbildes auch wesentlich durch den Anteil an schwarzem Tonpapier. Sind die Rahmen um die einzelnen Farbpartien dick und breit, betonen sie die Hauptform des Bildes und heben das Wesentlichste bunt hervor. Sind die Umrahmungen jedoch schmal und zart, überwiegt der Eindruck von der Gesamtkomposition, Farben und Formen müssen besonders gut harmonisieren.

Ich möchte Ihnen in diesem Buch zudem noch einen weiteren Bereich der transparenten Fensterbildgestaltung vorstellen: nämlich das Verwerten von ausgeschnittenen Tonpapierabfällen, die ich in transparenter Umrahmung neu zur Geltung bringe. Die Resultate überraschen: Überzeugen Sie sich doch kurz davon durch einen Blick auf die Seiten 13, 30, 31, 38, 39, 44, 45 und 51. Sie sehen, im Bereich der Fensterbildgestaltung ist vieles möglich, doch das merken Sie am besten, wenn Sie hier anfangen, aktiv zu werden. Gerade für das eigene Entwerfen und das Durchführen dieser Entwürfe zu schönen Fensterbildern sind eingangs Hinweise von der ersten Zeichnung bis zum fertigen Bild gegeben.
Ich wünsche Ihnen dabei viel Freude.

Ihre

Material und Hilfsmittel

Schwarzes Tonpapier
Transparentpapier (Heft mit allen Farben)
weißes Pergamentpapier (je nach Motiv)
Holzfaserpapier = Japanpapier (je nach Motiv)
Schreibmaschinenpapier
Kohlepapier
Bleistift
Kugelschreiber
Schablonenmesser mit dicker Pappunterlage
Büroklammern
Klebestift (z.B. UHU stic)
schwarze oder weiße Nähseide

Anmerkungen zum Material

Tonpapier ist ein durchgefärbtes Recycling−Produkt, das relativ dünn ist, sich also auch doppelt gelegt gut schneiden läßt. Genügend Stabilität erhält das fertige Fensterbild trotzdem durch das Verdoppeln des Tonpapiers, das dazwischen eingefügte Transparentpapier und den Kleber.
Transparentpapier ist sehr farbintensiv, wenn es lichtgeschützt aufbewahrt wird. Sobald es dem Tageslicht am Fenster ausgesetzt wird, beginnt es langsam auszubleichen, was ein schönes Fensterbild aber nicht weniger reizvoll werden läßt. Transparentpapier kann und sollte zur Bereicherung der Farbskala in mehreren Schichten aufeinandergeklebt verarbeitet werden.
Holzfaserpapier, auch als Japanpapier bezeichnet, gibt es in vielen ansprechenden Farben von pastellig bis kräftig. Dieses Papier sollte in gut sortierten Schreibwarengeschäften zu finden sein. Vielleicht wird man es eines Tages im Hobby−Fachhandel erhalten können.

Kauf und Lagerung von Papieren

Achten Sie darauf, alle Papiere für Fensterbilder plan und lichtgeschützt zu transportieren und zu lagern. Wichtig ist auch zu wissen, daß Lichtverhältnisse, Foto und Druck die Farben etwas verändern. Die abgebildeten Farben sind nicht unbedingt identisch mit den im Handel erhältlichen.

Anmerkungen zu den Hilfsmittel

Schreibmaschinenpapier für Schablonenkopien sollte von dünner, weißer Qualität sein, da bei Recyclingpapier leider die Schablonenmesserklingen sehr schnell stumpfen.
Schablonenmesser werden auch Tapetenmesser genannt. Sie haben abbrechbare Klingen, die bei guter Beschaffenheit von Pappunterlage und Schablonenpapier relativ lange scharf bleiben.

Arbeitstechnik

1. Vom Entwurf zur Schablone

Natürlich entsteht ein Fensterbild ursprünglich nicht aus einer fertigen Vorlage! Die Vorlage wird erst aus einer ganz einfachen Zeichnung entwickelt. Diesen Weg werde ich nun Schritt für Schritt erklären:

Am Anfang steht die Idee, z.B. ich möchte ein Segelschiff als Fensterbild arbeiten. So zeichne ich also eine Vielzahl von Segelschiffen, bis eine der Zeichnungen vielleicht so aussieht, wie hier abgebildet bzw., bis ich mit meinem Entwurf zufrieden bin (Skizze A).

Skizze B

Der nächste Schritt ist sehr einfach: Ich überzeichne die Linien meiner Zeichnung mit einem schwarzen Markerstift, dessen Schreibbreite zwischen 1 und 4 mm liegt. Diese gröbere Linienführung vereinfacht die Form des Motivs, was für das zukünftige Fensterbild notwendig ist (Skizze B). Nun verbreitere ich diese Linien mit nebeneinanderliegenden Markerstrichen, bis die gewünschte Konturenbreite erreicht ist. Bei diesem Motiv sind das etwa 4 mm, was noch nicht so dick ist, daß das relativ kleine Motiv davon „erschlagen" würde, und auch nicht so dünn, daß das Aus-

Skizze A

arbeiten des Fensterbildes zu schwierig würde, weil die zu zarten Tonpapierstege reißen könnten. Man sollte die Konturbreite auf das Motiv abstimmen. Nach einiger Übung kann man sich dann auch an zartere Konturen wagen, wenn ein Motiv dadurch an Reiz gewänne.

Habe ich das Motiv so weit fertig, muß ich entscheiden, ob ich es mit oder ohne Rahmen zum Fensterbild ausarbeiten will. In diesem Fall hier scheint mir ein Rahmen das richtige zu sein. Die nächste Überlegung gilt nun der zum Motiv passenden Form dieses Rahmens: Sich diese bloß vorzustellen, ist anfangs recht schwierig, deshalb probiere ich verschiedene Rahmenformen zeichnerisch aus (Skizze C).

Es ist sicherlich auch eine Frage des Geschmacks, welche Rahmenform man bevorzugt. Aber es ist auch eine Frage dessen, was das Motiv am besten zur Geltung bringt. Ich habe mich hier für das quadratische Modell entschieden, und meine Fensterbildvorlage ist fertig (Skizze D).

Skizze D

2. Von der Schablone zum Fensterbild

Eine eigene Schablone könnte ich direkt als Vorlage zum Ausschneiden des Fensterbildes verwenden. Da ich sie aber vielleicht noch ein zweites oder drittes Mal (für eine andere Farbwahl) verwenden möchte, ist es besser, ich übertrage das Ganze nochmals auf ein anderes Blatt und verwahre das Original.

Der folgende Vorgang ist nun der gleiche, wie wenn Sie eine Vorlage aus diesem Buch kopieren wollen: Die Vorlage wird mit Kohlepapier und einem dünnen Schreibmaschinenblatt unterlegt, und alle drei Papiere werden mit Büroklammern aneinander befestigt. So kann nichts verrutschen, wenn ich die Vorlagenumrisse kräftig mit Bleistift nachziehe. Die fertige Schablonenkopie lege ich auf doppelt gelegtes Tonpapier von entsprechender Größe und befestige auch diese drei Papierschichten sorgfältig mit Büroklammern aneinander.

Sobald dieses so vorbereitete Papier auf einer dicken Pappunterlage liegt, schneide ich mit einem Schablonenmesser zuerst die In-

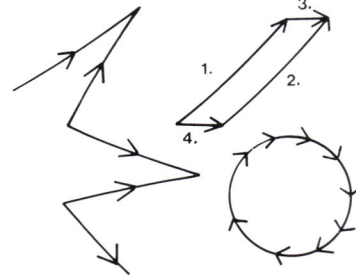

nenkonturen exakt aus und lege – wenn ich an einem „Abfallbild" interessiert bin – die ausgeschnittenen Tonpapierabfälle (eventuell numeriert) sorgfältig zur Seite. Zum Schluß erst schneide ich die Außenkonturen aus (s. Abb. oben).

Zur Schnittführung
Das Messer soll immer zum schmalsten Punkt von Zacken und Spitzen hingefürt werden (Skizze a).
Schmale Parallelen in der angegebenen Reihenfolge ausschneiden (Skizze b).
Rundungen in mehreren kurzen Ansätzen schneiden. Das Messer dabei aber nicht aus dem Papier herausziehen. Man dreht das Papier am besten in die Schnittfüh-

rung hinein, so daß die Hand stets locker und bequem mit dem Messer hantieren kann (Skizze c).

Anmerkung: Die Innenkonturen, die man durch Schraffieren besser kenntlich machen kann, könnten natürlich auch mit einer feinen, spitzen Schere ausgeschnitten werden. Dazu sticht man eine Scherenspitze mit einigem Abstand zur Schnittlinie in die Fläche, führt die Schere schneidend zur Linie hin und an dieser entlang. Diese Technik hat aber den großen Nachteil, daß die Abfälle zerschnitten und nicht mehr für „Abfallbilder" brauchbar sind.

Das Fertigstellen

Nachdem alles ausgeschnitten ist, entfernt man die Schablone, legt den einen Tonpapierrahmen weg und den anderen auf eine weiße Unterlage. Nun legt man das Transparentpapier in der gewünschten Farbe über die entsprechende Innenkontur und umrandet mit einem Kugelschreiber diesen Bereich so großzügig, daß die Schnittkanten etwa in der Mitte der umgebenden Tonpapierstege verlaufen (s. Abb. Mitte). Der Abdruck des Kugelschreibers auf dem darunterliegenden Tonpapier hat den Vorteil, daß das entsprechende Transparentpapierteil exakt aufgeklebt werden kann. Doch vorher, falls die Innenkontur mehrschichtig überklebt werden soll, streicht man die umrandete Transparentpapierfläche gleichmäßig mit Klebestift ein und klebt die nächste(n) Transparentpapierschicht(en) vorsichtig und faltenfrei darauf. Erst danach schneidet man das Transparentpapierteil aus und klebt es sofort an seinen Platz, nachdem man die entsprechenden Tonpapierstege mit Klebestift eingestrichen hat.

Sind alle mit Transparentpapier zu überklebenden Innenkonturen abgedeckt, klebt man wiederum mit Klebestift zuerst den Faden als Aufhängung an seinen Platz. Danach bestreicht man rasch und recht großzügig (der überflüssige Kleber trocknet unsichtbar auf) das ganze fertig beklebte Fensterbild im Bereich der Tonpapierstege und des Rahmens. Der zweite, unbeklebte Tonpapierrahmen wird dann sofort deckungsgleich aufgeklebt. Das erfordert ein wenig Geschicklichkeit, ist aber einfach, wenn man darauf achtet, daß in einem kleineren Teilbereich alles übereinstimmt (s. Abb. rechts).
Das fertige Fensterbild legt man nun in einer Klarsichthülle oder zwischen zwei Plastiktüten für

mindestens 24 Stunden unter einen schweren Bücherstapel. Hier kann das Bild fertig trocknen und wird schön glatt gepreßt. Ihr fertiges Fensterbild wird Ihnen bestimmt lange Zeit viel Freude bereiten.
Die meisten Motive sind durch Vorlagen in Originalgröße auf dem beiliegenden Bogen wiedergegeben und wurden hier sowie im Text übereinstimmend bezeichnet (z. B. Motiv A). Den einfachsten Motiven dieses Buches sind aus Übungsgründen keine Vorlagen beigegeben, orientieren Sie sich bei eigener Zeichnung an den Abbildungen.

3. Bilder aus Schnittabfall

Es wurde schon kurz erwähnt, daß Tonpapierabfälle vom Ausschneiden aufbewahrt werden können, um daraus ein weiteres, unter Umständen sehr reizvolles Fensterbild zu gestalten. Natürlich sind mit diesen Abfällen nur die ausgeschnittenen *Motivteile* gemeint und nicht Hintergrundbereiche.

Zunächst entwirft man sich für die Abfallmotive eine auf ein Fensterbild ausgerichtete Umgebung. Zu diesem Zweck ordnet man seine Abfallteile auf einem weißen Blatt so an, wie sie später aufgeklebt werden können. Das puzzleähnliche Spiel kann man sich erleichtern, wenn ähnliche Teile beim Ausschneiden gleich durchnumeriert wurden.

Dann zeichnet man sich um das Abfallmotiv einen gefälligen Rahmen. Dieser sollte harmonisch aufeinander abgestimmte Teilbereiche aufweisen, damit der Hintergrund auch mehrfarbig beklebt werden kann (s. nebenstehende Abb.)

Sind die Abfallteile wieder sorgfältig zur Seite gelegt, entsteht das neue Fensterbild genau so Schritt für Schritt, wie in der vorangegangenen Arbeitsanleitung unter 1. und 2. beschrieben. Und erst wenn das völlig fertige, aber recht leer wirkende, neue Fensterbild vor einem liegt, klebt man beidseitig und natürlich deckungsgleich seine Motivabfälle an die dafür vorgesehene Stelle.

Anmerkung: In diesem Buch finden Sie fünf Abfallbilder, obwohl es sich lohnen könnte, dieses Thema etwas breiter zu behandeln. Andere Motive eignen sich hierfür nämlich ohne weiteres auch

noch. Da ich jedoch sicher bin, daß Sie jetzt wissen, wie ein schönes Abfallbild entstehen kann, überlasse ich das Ihrer Fantasie und Geschicklichkeit. Ich beschränke mich darauf, bei den entsprechend geeigneten Fensterbildern einen diesbezüglichen Hinweis zu geben.

Farbwahl
1 × bzw. 2 × Dunkelgelb
1 × bzw. 2 × Orange
1 × bzw. 2 × Rot
2 × Braun, 1 × Blau
1 × Violett,   1 × weißes Pergamentpapier

Spielereien mit Farben

Reine Farben

Im Handel ist Transparentpapier in zehn wunderschönen Farben erhältlich. Doch obwohl man schon mit diesen zehn vorgegebenen „reinen" Farben gezielt schöne Ergebnisse erarbeiten kann, findet man bei den in diesem Buch abgebildeten Fensterbildern ein Vielfaches an neuen Farben und Farbnuancen.

Allein schon durch Verdoppeln, Verdreifachen oder ab und zu sogar Vervierfachen der reinen Farben gewinnt man 10 × 4, also vierzig Variationsmöglichkeiten. Die Farbskala auf dieser Seite (s. Abb.) zeigt in der linken Pyramide die zehn einfach gelegten, reinen Transparentpapierfarben. In der rechten, umgekehrt angelegten Pyramide sind im Links-Rechts-Wechsel diese reinen Farben doppelt bzw. dreifach geklebt.

Damit sind die Variationsmöglichkeiten noch lange nicht erschöpft, denn eigentlich fängt das fantasievolle Spiel mit der Farbe jetzt erst richtig an.

Gemischte Farben

Ich habe bisher immer von reinen Farben gesprochen, weil ich damit den Unterschied zu gemischten Farben deutlich machen will. Wenn nämlich verschiedene reine Farben übereinandergeklebt werden, können weitere, ungezählte Mischfarben zum kreativen Gestalten in die Fensterbilder einkomponiert werden.
Sie alle kennen diese klassischen Mischfarben:
Gelb + Rot = Orange
Blau + Rot = Violett
Blau + Gelb = Grün.
Das ist auch beim Transparentpapier so; man sieht es auf der Abbildung oben. Dort, wo sich die drei großen Kreise überschneiden, sind genau die oben beschriebenen Mischfarben entstanden; und die drei kleineren Kreise im äußeren Bereich lassen schon ein wenig erahnen, was für schöne Farbvariationen das Mischen von Transparentpapierfarben noch hervorzaubern kann.

In der „Grünen Graphik" z.B. habe ich allein mit hell- und dunkelgrünem Transparentpapier sieben verschiedene Grüntöne gemischt. Von links nach rechts:

2 × Hellgrün, 3 × Hellgrün,
2 × Hellgrün + 1 × Dunkelgrün,
1 × Hellgrün + 1 × Dunkelgrün,
1 × Hellgrün + 2 × Dunkelgrün,
2 × Dunkelgrün, 1 × Dunkelgrün.

Die kompositorisch auflockernden Punkte der „Grünen Graphik" sind aus doppelt geklebtem, orangefarbenem Transparentpapier bzw. aus einfach geklebtem, weißem Pergamentpapier entstanden. Das Pergamentpapier verwende ich nur selten, es zeigt aber, daß Transparentpapier noch durch andere, durchscheinende Papiersorten ergänzt werden kann.

Die „Dorfstraße" (Abb. Seite 17) ist ein weiteres Beispiel, diesmal im Bereich der Blau-Rot-Violett-Töne, für die vielfältigen Mischmöglichkeiten mit Transparentpapier. In diesem Bild, dessen nebenstehende „halbe" Vorlage Sie selbst beliebig oder nach der Abbildung ergänzen können, finden Sie folgende Farbgemische:

1 × Pink, 2 × Pink, 1 × Pink + 1 × Orange, 1 × Pink + 1 × Rot, 2 × Pink + 1 × Rot, 1 × Pink + 1 × Blau, 1 × Pink + 2 × Blau, 1 × Pink + 1 × Violett, 1 × Violett, 2 × Violett, 1 × Violett + 1 × Rot, 1 × Blau, 2 × Blau, 1 × Blau + 1 × Rot, 2 × Hellgelb, 2 × Dunkelgelb.

Der hohe Anteil an schwarzem Tonpapier hebt in diesem Fall die bunte Häuserreihe ganz besonders in den Vordergrund. Die gelben Fenster und der leuchtende Mond setzen Akzente.

Ich denke, daß die drei vorangegangenen graphischen Fensterbilder und die "Dorfstraße" beweisen: Mit nur zehn im Handel erhältlichen Transparentpapierfarben kann man spielen, nach Herzenslust mischen und überraschende Effekte erzielen.

Die Macht der Farben

Ich möchte das Kapitel Farbe nicht abschließen, ohne noch zu demonstrieren, welch einen großen Einfluß die Farbwahl auf unser optisches und gefühlsmäßiges Empfinden hat. Das Fensterbild auf dieser Seite stellt einen Stern dar, das der nächsten Seite eine Wunderblume. Beide Fensterbilder sind mit ein und derselben Schablone ausgeschnitten worden, doch die Farbwahl und die Farbanordnung unterscheiden sich so erheblich, daß der Eindruck eines Sterns bzw. einer Blume entsteht. Der Stern wirkt kühl, die Blume warm. Einmal werden die Zacken durch leuchtendes Gelb, das sich vom Blau des Hintergrundes deutlich abhebt, hervorgehoben, und deren Summe springt deshalb als Sternform ins Auge. Das andere Mal verschwindet die Zackenform fast, weil sie durch die Farbwahl, Ton in Ton für alle Formen, mit dem Hintergrund verschmilzt. Die Gesamtform wirkt auf das Auge.
So groß ist die Macht der Farbe!

Kühler Stern

Farbwahl
2 × Hellgelb: Sternzentrum und
äußere kleine Zacken
1 × Dunkelgelb: vier Zacken
2 × Dunkelgelb: vier Zacken
1 × bzw. 2 × Blau: Stern-Hinter-
grund

Warme Wunderblume

Farbwahl
2 × Dunkelgelb: Blütenzentrum
2 × Rot: Zackenkranz
1 × Rot + 1 × Braun: dunklere
Blütenblätter
2 × Orange: äußere Blütenblätter
2 × Hellgrün: Blättchen

Fensterbilder im Jahreslauf

Mit diesem Kapitel spanne ich durch die vielen abgebildeten Motive einen weiten Bogen über das ganze Jahr. Schauen Sie sie an, lassen Sie sich bezaubern und dazu verführen, selbst kreativ zu werden.

Glücksbringer zum Neuen Jahr
Motiv A

Es gibt viele Symbole, die Glück verheißen oder sogar bringen sollen. Dazu gehören das Glücksschwein, der Schornsteinfeger, das vierblättrige Kleeblatt genauso wie das Marienkäferchen. Und wenn man zum Neuen Jahr auf dieses erhoffte Glück anstößt, dann tut man das mit einem Glas Sekt. All diese Elemente finden Sie also auf diesem Fensterbild feucht-fröhlich beieinander.
Das Motiv bietet beim Ausschneiden keine Schwierigkeiten, einzig das Ringelschwänzchen und der Käfer erfordern ein wenig Fingerspitzengefühl.
Alle Bereiche werden zunächst so hinterklebt, wie im folgenden beschrieben, danach wird das ganze Bild mitsamt Motiven noch mit einer einfachen Schicht Dunkelgelb hinterklebt.

Hinweis: Das Schweinchen eignet sich als einzigstes für ein Abfallbild.

Farbwahl
1 × Pink: Schwein
1 × Violett: Schleife und Luftschlange
1 × Braun: Schornsteinfeger
2 × Dunkelgrün: Flasche
1 × Dunkelgrün: Flasche hinter dem Glas
2 × Dunkelgelb: Flaschenkopf, Glasfuß und Luftschlange
1 × bzw. 2 × Hellgrün: Kleeblätter
2 × Rot: Käfer und Luftschlange
2 × Hellgelb: Sekt im Glas

Maske und Kater

Fastnacht und deren Folgen bringen wohl für manch einen auch einen Kater mit sich. Wünschenswert ist das kaum, aber wenn der Kater so hübsch ist wie hier, verträgt er sich bestens mit der Fastnacht. Auch kann er das übrige Jahr hindurch ein äußerst begehrenswerter Fensterbildpartner sein.

Hinweis: Der Kater (z.B. auch nur der Kopf) ist für ein Abfallbild geeignet.

Farbwahl Maske Motiv B
1 × Pink: Nase und oberer Wangenbereich
3 × Pink: Mund und mittlere Feder
1 × Pink + 1 × Blau: Lidschatten
2 × Dunkelgelb + 1 × Pink: Bäckchen
1 × Pink + 2 × Rot: Nasenflügel
1 × Violett: kleine Feder
1 × Violett + 1 × Rot: große Feder
1 × Pink + 2 × Hellgelb: Schleife
1 × Braun + 1 × Dunkelgelb: Locke
1 × Pink + 1 × Rot: Kinnpartie und Bereiche neben Nase

Farbwahl Kater Motiv C
1 × Blau: Innenohren und eine Pfote
2 × Dunkelgrün: Stirn und Schwanz
2 × Hellgelb: Augen
Im Uhrzeigersinn von einem Auge zum anderen:
1 × Blau, 2 × Blau, 2 × Hellgrün,
2 × Dunkelgrün, 1 × Blau,
1 × Blau + 1 × Dunkelgrün,
1 × Hell- + 1 × Dunkelgrün,
2 × Hellgrün, 1 × Dunkelgrün
1 × Blau + 1 × Dunkelgrün: Körper
1 × Hell- + 1 × Dunkelgrün: linkes Hinterbein
2 × Blau: rechtes Hinterbein
2 × Hellgrün: drei Pfoten
1 × Dunkelgrün: Schwanzspitze
1 × Pink: Hintergrund
2 × Pink: Schleife rechts
3 × Pink: Schleife links und Knoten

Erste Frühlingsboten

Nach all den trüben, dunklen und nassen Eindrücken der Winterzeit lechzt man nach den ersten Farbtupfern in der Natur. Man freut sich von Herzen über die allerersten, kleinen Frühlingsboten, die mit so viel zarter Kraft aus dem Boden zu brechen vermögen. Und auch wenn es ab und zu draußen noch manchmal etwas trübe wird, an Ihrem Fenster wird es frühlingsfroh bleiben, die ganze Zeit über.

Für diese vier kleinen Fensterbilder braucht man, weil manche Bereiche recht zart sind, ein wenig Fingerspitzengefühl, bei exaktem Arbeiten können sie aber sehr schnell fertig und hübsch anzusehen an Ihrem Fenster hängen.

Hinweis: Den passenden Rahmen zu diesen Vorlagen finden Sie auf dem Vorlagenbogen bei Motiv E.

Farbwahl Schneeglöckchen
Motiv D
2 × Hellgrün: hellere Blätter
1 × Hell- + 1 × Dunkelgrün: dunklere Blätter
2 × Dunkelgelb: Blüteninneres
1 × weißes Holzfaser- oder Pergamentpapier: Blütenblätter

Farbwahl Krokus
2 × Hellgrün: Blätter
1 × Violett: vordere Blütenblätter
2 × Violett: hintere Blütenblätter
2 × Dunkelgelb: Blütenstempel

Farbwahl Primel Motiv E
2 × Hellgrün: Blätter
1 × Pink: helle Blüten
2 × Pink: dunkle Blüten
2 × Dunkelgelb: Blüteninneres

Farbwahl Narzissen
2 × Hellgrün: Blätter
3 × Hellgrün: dunklere Blätter
2 × Dunkelgelb: äußere Blütenblätter und zwei Knospen
1 × Hellgelb: innere Blütenteile
2 × Hellgelb: rechte Knospe
3 × Dunkelgelb: Blüteninneres

Osterwiese Motiv F

Ostern, das erste große Fenst des Jahres, wird gern bunt und fröhlich gestaltet. Es soll, nach der überwundenen langen Winter- und Fastenzeit Freude vermitteln. Die Natur schenkt uns erneut wieder ihren Reichtum, zunächst in Form von Vogelgezwitscher und viel neu erglänzender Farbe, genau wie es dieses überschwengliche Fensterbild, die Osterwiese, wiedergibt.
Die kleinen Rundungen sind etwas schwierig auszuschneiden, die längliche Form der Blätter läßt sich aber mit wenig Aufwand sehr rasch und leicht ausarbeiten. Ein Motiv, an das man sich wirklich wagen sollte.

Farbwahl
2 × Hellgrün: Tulpenblätter, unterer Teil
2 × Hellgrün + 1 × Dunkelgelb: Tulpenblätter, oberer Teil und alle übrigen hellgrünen Blätter
2 × Hell- + 1 × Dunkelgrün: alle dunklen Blätter
2 × Rot: Tulpenblüten, rechtes Ei und Käfer
2 × Pink: linkes Ei
2 × Orange: mittleres Ei
2 × Dunkelgelb: zwei Krokusse, Schmetterlingsflügel, Narzissen- und Schneeglöckcheninneres
1 × Violett: drei Krokusse
2 × Blau: Schmetterlingsflügel
1 × Braun: Osternest
1 × weißes Holzfaser- oder Pergamentpapier: Schneeglöckchen

Fleißige Osterhäschen   Motiv G

Ein lustiges Motiv, auch als Mobile zu gestalten, das besonders Kindern gefällt und keine Schwierigkeiten beim Ausschneiden bietet.

Farbwahl
nach eigenem Wunsch

Osterkranz

Dieser österliche Fenster-
schmuck, den man auch ohne Küken arbeiten kann, ist besonders
dekorativ. Beim Ausschneiden
sollte das kreisförmige Blüten-in-
nere zuerst gearbeitet werden.
Das ist der einzige etwas schwie-
rige Teil der Arbeit, der Rest geht
sehr leicht von der Hand.
Einen Teilausschnitt des Kranzes
finden Sie auf der nebenstehen-
den Seite als Vorlage, die sich
leicht zu einem ganzen ergänzen
läßt. Die Kükenvorlage finden Sie
auf dem Vorlagenbogen unter
Motiv H.

Farbwahl
2 × Hellgelb: Küken
2 × Dunkelgelb: Blüten,
Schwanzfedern und Flügelchen
2 × Orange: Blüten-Innenkreis
2 × Rot: Eier und Kükenteile
1 × Braun: hinteres Küken

Hinweis: Sowohl die Blüten als
auch die Küken und die Häschen
sind für Abfallbilder geeignet.

Häschen (Bild und Abfallbild)

Häschengirlanden

Diese kleinen, dekorativen Häschen können beliebig oft ausgeschnitten und immer, mit einem Blümchen dazwischen, aneinandergereiht werden. Beachtet werden muß, daß immer zuerst die Augen ausgeschnitten und zur Seite gelegt werden. Die Schnittführung sollte sehr genau sein, wenn man vorhat, auch ein Abfallbild zu arbeiten. Am Schluß, wenn ein Häschen als Transparentpapierbildchen fertig ist, nicht vergessen, das Auge noch aufzukleben: erst auf der einen Seite an die entsprechende Stelle, dann lichten Teil aus dem Transparentpapier schneiden und danach auf der anderen Seite das Gegenstück deckungsgleich aufkleben.

Die Blumenschablone verwendet man beim untersten Häschen dreimal etwas übereinanderlappend und rundlich den unteren Teil der Hasenschablone überdeckend. So erhält man sehr einfach die Vorlage für das etwas von den anderen abweichende Häschenmodell.

Farbwahl
1 × bzw. 2 × Pink: Blütenblätter
1 × Pergamentpapier: Blütenmitte
Häschen: 2 × Dunkelgrün,
2 × Hellgrün, 1 × Dunkelgrün +
1 × Blau, 2 × Dunkelblau,
1 × Hell- + 1 × Dunkelgrün; hinteres Ohr entsprechend einmal beklebt. Ohrinneres und Schwänzchen kontrastierend zur Körperfarbe zweimal beklebt.
Am besten treffen Sie einfach Ihre persönliche Farbwahl.

Abfallhäschen

Die Hintergrundfarben dieses Bildes passen ausgezeichnet zu Ostern, und auch die Tulpen sind in diesem Sinn zeitgemäß. Der Rahmen wartet also direkt darauf, von den Osterhäschen, die wir beim peinlich genauen Ausschneiden der vier Girlandenhäschen als sehr willkommenes Abfallprodukt zur Seite gelegt haben, kompositorisch bevölkert zu werden.

Farbwahl
Von links nach rechts:
1 × Hell-   +   1 × Dunkelgrün, (oben) 2 × Dunkelgrün, 2 × Hellgrün, 2 × Dunkelgelb, 1 × Hell- + 1 × Dunkelgrün, 2 × Rot in drei Bereichen und 1 × Pergamentpapier für die Tulpen

Technisch gibt es keinerlei Probleme, wenn Sie entsprechend der Beschreibung von Seite 12 vorgehen.

Muttertagsherz Motiv I

Zwei Tage im Jahr wurden dazu bestimmt, sich ganz besonders an das Liebhaben zu erinnern. Der Valentinstag, der leider immer mehr zum Geschäftstag der Blumenhändler verkommt, und der Muttertag, der Tag, an dem sich Kinder daran erinnern sollen, was ihre Mutter alles aus Liebe und Pflichtbewußtsein für sie tut. Aber eigentlich ist Mutter- oder Vatertag jeden Tag, denn die Liebe hat nicht nur an einem oder zwei be-stimmten Tagen Hochkonjunktur.

Aus diesem Grund ist das Muttertagsherz, das so viele kleine Herzen in sich birgt, ein Symbol der Liebe, welches das ganze Jahr über Gültigkeit hat und ein wunderschönes Geschenk ist.

Sie werden sofort merken, daß die filigranen Blümchen wider Erwarten sehr leicht auszuschneiden sind, und auch die Herzen stellen keine hohen Ansprüche, achten Sie nur darauf, daß Ihnen die Herzrundungen gut gelingen.

Farbwahl
Von rechts oben nach links oben im Uhrzeigersinn: 1 × Orange + 1 × Rot, 1 × Rot + 1 × Pink, 1 × Rot, 2 × Orange, 1 × Orange + 1 × Pink, 1 × Orange + 1 × Rot, 2 × Orange, 1 × Orange + 1 × Pink, 2 × Orange, 1 × Rot + 1 × Braun: Hintergrund; die Blümchen werden nicht hinterklebt.

Seerosenteich Motiv J

Elegant durch die Luft schwirren-
de Libellen und blühende Seero-
sen sind ein herrlicher Anblick, es
ist Sommer.
Die Libellenflügelrundungen erfordern etwas Geschicklichkeit,
die Seerosenblütenblätter dagegen nur Geduld.

Hinweis: Nur die geöffnete Seero-
senblüte eignet sich als Bestand-
teil eines Abfallbildes. Die Einzel-
teile müssen aber unbedingt
gleich beim Ausschneiden numeriert werden.

Farbwahl
1 × bzw. 2 × Pink: helle- bzw.
dunklere Seerosenblüten
2 × Dunkelgelb: Seeroseninneres
3 × Hellgrün: Blätter, ganz links
und links neben ganz heller Blüte
2 × Hellgrün: Blatt rechts
1 × Dunkelgelb + 1 × Dunkelgrün: Blatt, Mitte
1 × Dunkelgrün + 1 × Braun:
Teichwasser
1 × Dunkelgrün: Libellenflügel
1 × Hellgelb: Hintergrund

Kornfeld mit Klatschmohn
Motiv K

Es ist Hochsommer, die Zeit der satten kräftigen Farben. Auf den Feldern ist das Korn reif, die Sonne strahlt von einem fast dunkelblauen Himmel und verlockt zu vielerlei Freizeitaktivitäten.
Dieses Bild erfordert sowohl beim Ausschneiden als auch beim Bekleben ein hohes Maß an Geduld. Die Klatschmohnblüten sollten im Zentrum nur durch Eindrücken der Schablonenmesserspitze so tief, wie es die Länge der einzelnen Staubfäden erfordert, ausgeschnitten werden. Passen Sie dabei auf, daß Sie das Messer nicht so tief eindrücken, daß das nebenstehende Staubfädchen in Gefahr ist, abgeschnitten zu werden. Die Ähren werden Sie dagegen rasch fertig haben. Einzig die kleinen, runden Klatschmohnblüten im Hintergrund verlangen jetzt noch Ihre volle Konzentration und eine gute Schnittführung. Trotz der Schwierigkeiten ist es aber ein Bild, das Sie ohne weiteres bewältigen können. Die Mühe lohnt sich.

Farbwahl
1 × Hellgelb: Ähren und zwei Heißluftballonsegmente
2 × Dunkelgelb: Kornfeld und ein Ballonsegment
2 × Rot: alle Blüten und zwei Ballonsegmente
1 × Hell- und 1 × Dunkelgrün: alle Blätter und ein Ballonsegment
2 × Hellgrün: ein Ballonsegment
1 × Braun: Ballonkörbe
1 × Blau: Himmel

Papageien (Bild und Abfallbild)

Beim Anblick von Papageien, diesen klugen, bunten und ein wenig arrogant da hockenden Vögeln, packt mich oft das Fernweh nach südamerikanischen Dschungelabenteuern. Ins Wohnzimmer gehört dieser herrliche Vogel nämlich nicht.

Papagei Motiv L 1

Beim Ausschneiden benötigt einzig die Augenpartie erhöhte Aufmerksamkeit. Wenn Sie ein Abfallbild planen, arbeiten Sie sich am besten vom Schnabel an abwärts und legen die ausgeschnittenen Teile sofort numeriert zur Seite, da sonst das Wiederzusammenpuzzlen, besonders des Flügels und der Schwanzfeder, sehr schwierig wird.

Farbwahl
1 × bzw. 2 × Hellgelb: Sitzstange
2 × Dunkelgelb: Schnabel und Füße
1 × Orange: Augenpartie und linke oberste Flügelfederschicht

1 × Dunkelgelb + 1 × Orange: zwei obere Federn der zweiten Federnreihe von links
2 × Orange: dritte obere Feder von links
2 × Orange + 1 × Dunkelgelb: vierte obere Feder von links
1 × Orange + 1 × Rot: zwei übrige Flügelfedern
1 × Pink + 1 × Rot: Körper und rechte Schwanzfeder
1 × Pink + 1 × Dunkelgelb: Schwanzfederansatz
2 × bzw. 1 × Pink: mittlere bzw. linke Schwanzfeder
1 × Blau: Hintergrund

Abfallpapagei auf Jugendstilblüte Motiv L 2

Bei diesem Abfallbild sieht man sehr deutlich, wie es aus dem Original hervorgegangen und wie lohnend es ist, sich mit diesem Abfall zu beschäftigen.

Der sehr schmale, parallellaufende Blumenstengel muß als allererstes aus dem Tonpapier geschnitten werden. Es reißt nämlich, wenn er durch die Umgebung keinen Halt hat, viel zu leicht. Vor allem im Bereich der Kurve ist größte Vorsicht geboten. Das übrige Ausschneiden ist reine Routine ohne Schwierigkeiten. Ist das Fensterbild dann ganz fertig, legt man zuerst den Papageienkörper, ohne ihn festzukleben, so auf die unterteilende Rundung des Fensterbildrahmens, daß er etwas überlappend auf den Tonpapiersteg zu liegen kommt. Die Rahmenrundung dient sozusagen als Schiene. Dann legt man Augen- und Schnabelpartieteile auch so an Ort und Stelle. Dann verschiebt man das Ganze so lange auf der Schiene, bis sich Kopf und Schnabel harmonisch in den Bereich dieses obersten Transparentpapierfeldes einfügen. Erst jetzt werden die einzelnen Teile entsprechend festgeklebt. Durch dieses Vorgehen ist gewährleistet, daß sich der ganze restliche Papagei gut in das neue Fensterbild einfügt. Mit dem Schwanzansatz und dem Fuß überklebt man den Blumenstengel. Natürlich achtet man beim Bekleben von beiden Seiten auf Deckungsgleichheit. Und wenn das Transparentpapier stellenweise so dunkel ist, daß man das Gegenstück nicht deutlich sieht, so klebt man das zweite Teil an seinen Platz, indem man das transparente Bild an eine Fensterscheibe drückt.

Farbwahl
1 × Blau: oben und rechts unten
2 × Blau: rechts außen und unter den Schwanzfedern
1 × Blau + 1 × Pink: unter den Flügelfedern
2 × Pink bzw. 1 × Violett: links bzw. rechts des Blumenstiels
2 × Dunkelgelb: Blumenstiel
1 × Pergamentpapier: Blüten

Kleine Herbstimpressionen

Der Herbst ist die Zeit des Überflusses, aber auch der Vergänglichkeit, wie schön also, wenn am Fenster zur Zeit passende, fröhlich stimmende, bunte Bilder hängen.

Igel und Apfel Motiv M

Im Herst ist für alle der Tisch reich gedeckt, auch für die kleinen und großen Tiere. Der Igel kann nun Schnecken und Würmer öfter mal vergessen und sein Bäuchlein mit Fallobst dick und rundlich füllen. Hier sollte man für die Stacheln die Technik für Spitzen und für das Spinnennetz die Technik für Parallelen, wie auf Seite 10 beschrieben, anwenden, dann ist alles völlig problemlos.
Zuerst beklebt man die dunkleren Stacheln einzeln mit Braun und dann den ganzen Igel noch einmal mit Braun.

Farbwahl
2 × Hellgelb, 2 × Dunkelgelb, 1 × Hell- + 1 × Dunkelgelb abwechselnd für die Blätter
2 × Rot: Apfel
2 × Braun: faule Apfelstellen
2 × Hellgelb: Apfelanbiß

Fliegenpilz im Laub Motiv N

Oft riecht es im Wald in dieser Zeit nach Pilzen. Lange nicht alle sind eßbar, aber fast alle sind wunderschön anzusehen − und der Fliegenpilz sieht ganz besonders hübsch aus, wenn er sein getupftes, leider giftiges Pilzdach aus dem bunten Herbstlaub steckt.
Arbeiten Sie sich beim Ausschneiden (wenn Sie Rechtshänder sind, sonst umgekehrt) von links nach rechts durch das Motiv, denn die Blattrippen knicken so weniger leicht unter den arbeitenden Händen um. Technisch benötigt man sonst nur für die Pilztupfen ein wenig Geduld und Fingerspitzengefühl.

Farbwahl
1 × Hellgelb: Pilzstiel
1 × Rot + 1 × Braun: Pilzhütchen
1 × Dunkelgelb + 1 × Hellgrün: Gräser rechts
1 × bzw. 2 × Braun: Beinchen und Kopf bzw. Käferflügel
Blätter im Uhrzeigersinn:
1 × Dunkelgelb + 1 × Braun,
2 × Rot, 1 × Dunkelgelb + 1 × Braun, 2 × Dunkelgelb,
2 × Orange, 3 × Braun, 1 × weißes Holzfaser- oder Pergamentpapier: Pilztupfen

Sonnenblumen Motiv O

Diese mitunter riesigen Blumen scheinen einen ganzen Sommer lang, während sie wuchsen, die Sonne gespeichert zu haben, um jetzt im Herbst selbst als deren kleine Abbilder zu erstrahlen.
Das Motiv ist so großzügig gehalten, daß es kaum Schwierigkeiten beim Ausschneiden gibt. Am meisten Vorsicht erfordern höchstens die Blumenzentren. Hier sticht man das Messer so weit ein (nicht schneiden), bis es die jeweilige Schablonenlinie nur durch die entsprechende Klingenbreite ganz ausgeschnitten hat. Die Schneckenspirale muß mit der Hand, die nicht schneidet, ins Messer gedreht werden, damit nichts einreißen kann.

Farbwahl
2 × Hellgelb: kleine Sonnenblume
2 × Dunkelgelb: große Sonnenblume
2 × Braun: Blumeninneres
3 × Hellgrün: Blumenstiele und linkes Blatt
1 × Dunkelgrün + 1 × Dunkelgelb: dunklere Blätter
1 × Rot + 1 × Braun: Schneckenhaus

Weintrauben
(Bild und Abfallbild)

Wenn Winzer zur Traubenlese gehen, nennen sie das in machen Gegenden "herbsten". Die Trauben sind also direkt ein Symbol für den Herbst. Ob Sie dabei nun grüne oder rote Trauben bevorzugen, spielt keine Rolle und bleibt Ihnen überlassen, auch beim Aufkleben des Transparentpapiers.

Weintraube

Beim Ausschneiden sollten Sie sich auch hier, wie beim „Erntedank", für die Trauben an die Schnittechnik c von Seite 10 halten. Und wenn Sie auch das Abfallbild machen wollen, legen Sie die ausgeschnittenen Trauben am besten der Reihe nach gleich so an Ort und Stelle auf ein leeres Blatt Papier, daß sich die Detektivarbeit des Puzzles später erübrigt.

Farbwahl
2 × Dunkelgelb: mittleres Blatt
1 × Braun   +   1 × Dunkelgelb: rechtes Blatt
2 × Braun: linkes Blatt
2 × Hellgrün + 1 × Dunkelgelb: Trauben
3 × Hellgrün + 1 × Dunkelgelb: dunklere Trauben
2 × Hellgrün: Traubenstiel
1 × Violett: Hintergrund

Abfallweintraube Motiv Q

In diesem Jugendstil-Rahmen
kommen die reifen, warmen Farben des fortgeschrittenen Herb-
stes gut zur Geltung. Es ist hier
recht schwierig zu erkennen, daß
dieses Bild tatsächlich aus dem
Weintraubenbild von Seite 44
hervorgegangen ist, ein Beweis
dafür, daß man mit den Abfallpro-
dukten des Ausschneidens völlig
neue, sowohl anspruchsvolle als
auch ansprechende Transparent-
papierbilder gestalten kann.
Ist der neue Rahmen mit dem entsprechenden Transparentpapier
versehen, überklebt man mit dem
größten Blatt den Weinglasstiel
und klebt die beiden anderen,
entsprechend der Abbildung, an.
Dann überträgt man die einzelnen Beeren der Weintraube von
dem Blatt, auf dem sie bis jetzt
lagen, spiegelverkehrt auf das
neue Transparentpapierbild, d.h.,
daß die Traube von links außen
auf dem Bild rechts außen ange-
klebt wird etc.

Farbwahl
1 × Dunkelgelb: oberer Glasrand
2 × Dunkelgelb: übrige Glasteile
2 × Rot + 1 × Braun: Wein
2 × Rot + 1 × Braun + 1 × Pink:
Weinspiegel
1 × Rot + 1 × Braun: Ecke unten
rechts
1 × Rot + 2 × Braun: große Fläche
rechts
1 × Violett + 1 × Braun: große Fläche links
1 × Braun: alle übrigen Flächen

Adventsgesteck Motiv R

Es wird Winter, abends ist es schon sehr früh dunkel, und in dieser trüben Zeit beginnt der Advent. Kerzen vermitteln eine gemütlich warme Atmosphäre, und das Adventsgesteck weckt gespannte Erwartung bei den Kindern und zufriedene Freude bei den Erwachsenen im Hinblick auf das nahende Weihnachtsfest.
Freude vermitteln kann auch dieses filigrane Fensterbild. Wenn es draußen gar nicht richtig hell werden will, leuchtet es trotzdem warm und schön vom Fenster ins Zimmer hinein − und abends nach draußen.
Auch das Ausarbeiten dieses transparenten Fensterbildes paßt zu den langen Winterabenden, denn bei diesem detaillierten Motiv ist Geduld vonnöten. Schwierig auszuschneiden sind aber nur die kleinen runden Bereiche der getrockneten Blütendolden im Vordergrund und die Fruchtknötchen der Weihnachtssterne.

Farbwahl
2 × Hellgelb: Kerzenflamme, Weihnachtsstern - Fruchtknötchen und Grasrispen rechts außen
2 × Dunkelgelb: Kerze und Schalenfuß
2 × Rot: Weihnachtssterne und Teile der Schleife
1 × Rot: Teile der Schleife
1 × Braun + 1 × Dunkelgelb: getrocknete Blütendolden
1 × Hell- + 1 × Dunkelgrün: Weihnachtsstern-Blätter
1 × Dunkelgrün + 1 × Braun: Tannzweige
1 × Orange: Hintergrund

Nikolaus Motiv S

Da steht der Nikolaus in der guten Stube. Die Kinder sitzen nervös auf der vordersten Sofakante. Sie haben sich auf ihn gefreut, aber jetzt erinnern sie sich mit Schrekken all ihrer „Sünden". Vielleicht kann man in seinen Augen lesen, wie es steht – aber irgendwie erinnern die Augen an....Betreten geht der Blick zu den Füßen – aber diese Schuhe, lagen die nicht letzte Woche noch bei Tante Ina in der alten Gerümpeltruhe? Ob ja oder nein, zum Nachdenken bleibt keine Zeit mehr. Denn jetzt hebt der Nikolaus mahnend seinen Zeigefinger. Er tadelt streng, läßt zum Glück aber auch Lob, Nüsse, Äpfel und etwas Süßes zurück.

Egal, ob der Mann mit dem weißen Bart und goldenen Buch der Nikolaus oder der Mann von Tante Ina ist, dieses Nikolausfensterbild wird bei Kindern immer Anklang finden.

Die Bischofsstabspirale ist beim Ausschneiden der schwierigste Teil, alles andere geht sehr leicht von der Hand. Schneiden Sie den Himmelsbereich mit den Sternen ganz zum Schluß aus, damit die zarten, nur lose mit dem übrigen Tonpapier verbundenen Sternchen beim Arbeiten nicht aus Versehen abgerissen werden.

Hinweis: Der Nikolaus alleine eignet sich sehr gut für ein Abfallbild.

Farbwahl
1 × Dunkelgrün: Tannen
2 × Blau: Himmel
2 × Hell- bzw. 2 × Dunkelgelb: Bischofsstab und Sterne
1 × Blau: Bereiche am Esel
1 × Braun: Sack und Eselsauge
2 × Braun: Halfter
3 × Braun: Baumstamm
1 × Pink + 1 × Hellgelb: Gesicht und Hände
2 × Rot + 1 × Braun: Jacke
2 × Rot: langes Gewand
1 × weißes Holzfaser- oder Pergamentpapier: Jackenbesatz
1 × Pergamentpapier: Schnee und Bart

Weihnachtssterne
(Bild und Abfallbild)

Weihnachtssterne sind sehr interessante Pflanzen, denn ihre wunderschönen, großen Blüten bestehen eigentlich aus ganz normalen Blättern, die sich von den grünen Blättern nur durch ihren Platz am Ende des jeweiligen Pflanzenstiels und durch die Farbe, Weiß, Rosa oder Rot, unterscheiden, aber nicht durch die Form. Doch unabhängig von den botanischen Eigenheiten, ist es auf jeden Fall eine Pflanze, die sich zur Weihnachtszeit allgemeiner Beliebtheit erfreut und oft bis Ostern blühende Freude bereitet. Und ebenso viel Freude kann Ihnen dieses Fensterbild machen.

Drei Weihnachtssterne Motiv T 1

Schneiden Sie zu Beginn mit etwas Fingerspitzengefühl die Fruchtknötchen aus. Das übrige Ausschneiden ist schnell erledigt und überhaupt nicht problematisch, achten Sie nur darauf, daß Sie die Abfälle von den beiden ganzen Weihnachtssternen, möglichst der Reihe nach numeriert, zur Seite legen für das Abfallbild.

Farbwahl
2 × Rot: Weihnachtssterne oben und links
3 × Rot: Weihnachtsstern rechts
2 × Hellgelb: Fruchtknötchen im dunkleren Stern
2 × Dunkelgelb: Fruchtknötchen in den helleren Sternen
1 × Dunkelgelb + 1 × Dunkelgrün: Blätter

Abfall-Weihnachtsstern
Motiv T 2

Gerade die schlichte, großzügige Form der Kerze und die wenigen, aber harmonisch angeordneten Farben machen dieses Motiv so ansprechend und lassen die Abfall-Weihnachtssterne so schön zur Geltung kommen.
Technisch gibt es hier überhaupt keine Schwierigkeiten. Wenn das Fensterbild ganz fertig ist, ordnet man den großen Stern so darauf an, daß die beiden Blütenblätter, die rechts neben die Kerze geklebt werden, noch einen Spalt rotes Transparentpapier frei lassen. Beim oberen Stern, der optisch hinter der Kerze verschwindet, klebt man die zwei ganzen Blütenblätter sofort fest und zieht auf dem dritten zunächst einen

feinen Bleistiftstrich, wo der Tonpapierrahmen die Kerze begrenzt. Dann schneidet man das Blütenblatt mitsamt Gegenstück entsprechend durch und klebt das gewollte Teil an seinen Platz. Zum Schluß setzt man noch die Fruchtknötchen ein. Sollten die Knötchen beim Ausschneiden nicht makellos gelungen sein, darf man hier ein wenig mogeln und die kleinen Tupfen mit der Schere doppelt aus Tonpapierresten schneiden.

Farbwahl
1 × Dunkelgelb: Flamme
1 × bzw. 2 × Rot: helle bzw. dunklere Fläche
1 × Hell- + 1 × Dunkelgrün: Kerze

53

Die zwölf Sternzeichen
Motive V 1–12

Farbwahl (im Uhrzeigersinn)

Steinbock 22.12. – 20.1. (V 1)
2 × Braun, auch im Körperbereich, 1 × Hellgelb + 1 × Hellgrün, 1 × Hellgrün + 1 × Braun, 1 × Hellgelb, 1 × Braun über das ganze Bild

Wassermann 21.1. – 20.2. (V 2)
2 × Dunkelgrün, auch zwei Wellen, 1 × Hell− + 1 × Dunkelgrün, 2 × Dunkelgrün + 1 × Blau, 2 × Hellgrün, 1 × Dunkelgrün + 1 × Blau, 1 × Dunkelgrün, Körper und unter Arm

Fische 21.2. – 20.3. (V 3)
1 × Blau, auch im Körperbereich und in den Luftblasen, 2 × Blau, 1 × Violett

Krebs 22.6. – 22.7. (V 7)
1 × Orange, auch im Körperbereich, 2 × Orange, 1 × Orange + 1 × Hellgelb, 1 × Orange + 1 × Dunkelgelb, 2 × Dunkelgelb

Löwe 23.7. – 23.8. (V 8)
2 × Dunkelgelb + 1 × Hellgrün, 1 × Hellgelb, 2 × Hellgelb, 2 × Dunkelgelb, auch im Körperbereich

Jungfrau 24.8. – 23.9. (V 9)
1 × Pink, 2 × Pink im Körperbereich, 1 × Pink + 1 × Dunkelgelb, 2 × Pink + 1 × Dunkelgelb: zwei Blüten, für übrigen Blüten alle schon beschriebenen Farben

Widder 21.3. – 20.4. (V 4)
1 × Pink + 1 × Braun, 1 × Pink + 1 × Rot, 1 × Rot + 1 × Violett, 2 × Pink, 1 × Blau: Hörner und im Körperbereich

Stier 21.4. – 20.5. (V 5)
1 × Braun + 1 × Rot, 1 × Rot Schwanzquaste, 2 × Orange, auch am Hals, 2 × Rot, 1 × Rot + 1 × Braun, 2 × Rot + 1 × Pink

Zwillinge 21.5. – 21.6. (V 6)
1 × Dunkelgelb + 1 × Orange, auch zwischen Figuren, 1 × Oran-ge, auch im Körperbereich, 2 × Rot, 2 × Orange, 1 × Orange + 1 × Rot

Schütze 23.11. – 21.12. (V 12)
1 × Dunkelgelb + 1 × Braun, 2 × Braun, auch Kleidung, 1 × Braun, auch Haare und im Bo-gen, 1 × Braun + 1 × Rot, auch im Bogen, 1 × Pink + 1 × Braun im Hutbereich

Skorpion 24.10. – 22.11. (V 11)
1 × Blau + 1 × Dunkelgrün, auch Körper, 1 × Dunkelgrün, 1 × Blau + 1 × Dunkelgelb, 1 × Dunkel-grün + 1 × Braun, auch zwischen Beinen

Waage 24.9. – 23.10. (V 10)
1 × Blau + 1 × Pink, 1 × Violett, 1 × Blau + 1 × Pink, 1 × Violett, 1 × Blau im Bereich der Waage, 1 × Pink Blüten

Märchen am Fenster

Schneewittchen Motiv W

Es war einmal eine Königin, die wünschte sich ein Kind: So weiß wie Schnee, so rot wie Blut und so schwarz wie Ebenholz. Später hat dieses Kind, das Schneewittchen heißt, eine sehr böse Stiefmutter. Deshalb flieht es zu den sieben Zwergen. Doch die böse Königin verfolgt es weiter mit ihrem Haß, denn ein sprechender Spiegel, den sie immer wieder befragt, läßt ihren Neid nicht ruhen: „Spieglein, Spieglein an der Wand, wer ist die Schönste im ganzen Land?" „Ihr, Frau Königin, aber Schneewittchen hinten den sieben Bergen, bei den sieben Zwergen, ist noch tausendmal schöner als Ihr." Schneewittchen entgeht den Anschlägen ihrer bösen Stiefmutter

daraufhin immer nur mit knapper Not. Doch das letzte Attentat führt es, nach dramatischen Begebenheiten, mit einem schönen jungen Prinzen zusammen. Es wird Hochzeit gefeiert, und Schneewittchen ist fortan beschützt. Und wenn sie nicht gestorben sind, dann leben sie noch heute.

Technisch ist dieses Märchenbild eher in Angrif zu nehmen, wenn man schon etwas Übung im Ausschneiden hat, denn die Gesichter der Zwerge und die Hände von Schneewittchen verlangen eine sehr subtile Schnittführung. Schneiden Sie zuerst die kleinen Formen an den Zwergen aus, dann Schneewittchen und zum Schluß den Hintergrund und den Außenrahmen.

Farbwahl
1 × Pink + 1 × Hellgelb: alle Hautpartien
Die Zwerge im Uhrzeigersinn:
2 × Blau: Mütze, 2 × Rot: Jacke, 2 × Braun: Hose
2 × Dunkelgelb: Jacke, 2 × Braun: Hose
2 × Rot: Mütze, 2 × Blau: Hose
2 × Braun: Jacke, 2 × Dunkelgelb: Hose
2 × Braun: Mütze, 1 × Braun: Bart, 2 × Blau: Jacke, 2 × Rot: Hose
2 × Dunkelgelb: Mütze, 1 × Braun: Bart, 2 × Rot: Jacke
2 × Dunkelgelb: Jackenärmel hinter Schneewittchen und Goldreif im Haar
1 × bzw. 2 × Blau: Ärmelfutter bzw. Schleife
1 × weißes Schreibmaschinen- oder Pergamentpapier: Kleid

Hänsel und Gretel Motiv X

Es war einmal ein bitterarmer Holzfäller, dessen zwei Kinder, Hänsel und Gretel, sollen auf Betreiben der Stiefmutter im Wald ausgesetzt werden. Hänsel weiß das beim ersten Mal zu verhindern, das zweite Mal gelingt der Plan der schlechten Frau, und die Kinder verirren sich im finsteren Wald. Schließlich stoßen sie auf ein Lebkuchenhaus und stillen daran sofort ihren großen Hunger. Da tönt es: „Knusper, Knusper, Knäuschen, wer knabbert an meinem Häuschen?" Und die erschrockenen Kinder antworten: „Der Wind, der Wind, das himmlische Kind." Eine böse Hexe hat die Kinder mit ihren Lebkuchen in eine Falle gelockt. Während sie Hänsel mästet, muß Gretel hart arbeiten. Schließlich heizt die Hexe ihren Ofen tüchtig ein, um den Jungen zu braten. Da schubst Gretel die Hexe in den Ofen, befreit Hänsel und findet, mit den Schätzen der Hexe reich beladen, den Weg aus dem Wald. Die Stiefmutter ist inzwischen fort, und der Vater freut sich über die glückliche Heimkehr der Kinder. Und wenn sie nicht gestorben sind, dann leben sie noch heute.

Das Gesicht der Hexe verlangt ein sicheres Handhaben des Messers, die übrigen Partien sind leicht auszuarbeiten. Schneiden Sie auch hier erst alle kleineren Innenformen aus, und achten Sie darauf, daß weder am Rock von Gretel noch an dem der Hexe die Falten umknicken oder abreißen.

Farbwahl
1 × Hell- + 1 × Dunkelgrün: linke und rechte Tanne
2 × Hellgrün: mittlere Tanne
1 × Hellgelb: Haut der Hexe
1 × Hellgelb + 1 × Pink: Haut der Kinder und Vogelschnabel
2 × Orange: Hexenhaare
1 × Pink + 1 × Rot: Kopftuch
2 × Braun: Hexenjacke
2 × Pink: Hexenrock
1 × Violett: Hänsels Jacke
2 × Rot: Hänsels Hosen und Gretels Schleifen
2 × Blau: Gretels Kleid
2 × Dunkelgelb: Gretels Zöpfe
1 × Dunkelgelb: Rauch
1 × bzw. 2 × Braun: Lebkuchenziegel und Schornstein
1 × Pink: Zuckerguß
1 × Orange: Mandeln am Tor
1 × Orange + 1 × Braun: Tor
1 × Blau: Vogelfuß
1 × weißes Schreibmaschinenpapier: Vogel

Rotkäppchen Motiv Y

Es war einmal ein kleines Mädchen, das trug am liebsten ein rotes Käppchen aus Samt und wurde deshalb Rotkäppchen genannt. Eines Tages soll es zur kranken Großmutter, die im Wald wohnt, gehen. Trotz Ermahnungen weicht es vom Weg ab, um Blumen zu pflücken und trifft prompt auf den Wolf, dem es treuherzig erzählt, daß der gepflückte Strauß für die kranke Großmutter sein soll. Der Wolf eilt voraus, frißt die Großmutter und erwartet das Kind als Großmutter verkleidet im Bett. Rotkäppchen wundert sich: „Aber Großmutter, warum hast du denn so große Augen?" „Damit ich dich besser sehen kann." „Aber warum hast du so eine große Nase?" „Damit ich dich besser riechen kann." „Und warum hast du so einen großen Mund?" „Damit ich dich besser fressen kann." Und er macht seine Worte unverzüglich wahr. Danach schläft er laut schnarchend, was den Jäger alarmiert, der dem Bösewicht den Bauch aufschneidet und Rotkäppchen und die Großmutter unversehrt herausholt. Und wenn sie nicht gestorben sind, dann leben sie noch heute.

Die zarten Blümchen, Rotkäppchens Gesicht und Haare sowie das Wolfsmaul erfordern beim Ausschneiden einiges an Fingerspitzengefühl, der Rest ist sehr einfach. Beachten Sie noch, daß Sie das Wolfsauge zuerst ausschneiden, es zur Seite legen und später an seinen Platz auf dem Transparentpapier kleben, den lichten Teil herausschneiden und das Gegenstück deckungsgleich aufkleben.

Farbwahl
Tannen von links nach rechts:
1 × Dunkelgrün, 2 × Hellgrün,
1 × Dunkelgrün + 1 × Braun,
2 × Dunkelgrün, 3 × Hellgrün
2 × Dunkelgelb: Weg
1 × Braun: Wolf
2 × Braun: hinteres Wolfsohr
2 × Rot: Käppchen und Rock
1 × Hell- und 1 × Dunkelgelb: Haare
1 × Hellgelb + 1 × Pink: Haut
1 × Dunkelgrün: Schuhe
1 × weißes Schreibmaschinenpapier: Käppchenspitze und Bluse
Blumenfarben: 2 × Hellgelb,
2 × Dunkelgelb, 2 × Orange,
2 × Rot, 2 × Pink, 1 × Violett,
2 × Blau

Sterntaler Motiv Z

Es war einmal ein liebes, kleines Mädchen, das seine Eltern früh verloren hat. So zieht es mutterseelenallein los, um sein Glück zu finden. Doch unterwegs begegnen ihm lauter Menschen, die in Not sind, und so gibt es erst sein bißchen Geld, dann sein Stückchen Brot und schließlich, bis auf das Hemdchen, auch seine Kleider her. Wie es gar nichts mehr hat und nachts hungrig und verlassen friert, fallen auf einmal Sterne vom Himmel und werden zu lauter Talern, die es in seinem Hemdchen auffängt und sammelt. Von da an leidet das Sterntaler nie mehr Not. Und wenn es nicht gestorben ist, dann lebt es wohl noch heute.

Zunächst wird das Bild, das kaum komplizierte Stellen aufweist, ganz normal ausgeschnitten. Doch beim Bekleben weicht es dann etwas von der üblichen Vorgehensweise ab: Man klebt als erstes, wenn der Tonpapierrahmen fertig ausgeschnitten ist, zwei blaue Transparentpapierbögen mit Klebestift aufeinander, und dieses verdoppelte Transparentpapier klebt man dann über den ganzen Tonpapierrahmen. Nun schneidet man mit dem Schablonenmesser wieder alle Bereiche, die nicht zum Himmel gehören, aus dem Transparentpapier; dabei die Tonpapierrahmenseite nach oben und quasi als Schablone benützen. Danach stellt man das Fensterbild in bekannter Manier fertig.

Farbwahl
2 × Blau: Himmel (zwei Bogen)
1 × Blau: Blätter
2 × Dunkelgelb: Mond
Sternfarben: 1 × Hellgelb,
2 × Hellgelb, 1 × Dunkelgelb,
2 × Dunkelgelb, 1 × Orange
1 × Violett: Eulenfüße
2 × Pink: Eulenschnabel
1 × Hellgelb + 1 × Pink: Haut
1 × weißes Schreibmaschinenpapier: Hemdchen und Eulenaugen

Katja Slotty lebt als Hausfrau und Mutter von drei Kindern am Kaiserstuhl, unweit von Freiburg i. Br. Schon seit frühesten Kindertagen zeichnet, malt und bastelt sie mit Begeisterung. Sie belegte Kurse in unterschiedlichen kreativen Techniken. Ein besonderer Schwerpunkt bildet dabei das Gestalten mit Papier.

Die Deutsche Bibliothek –
CIP-Einheitsaufnahme

Transparente Fensterbilder: die schönsten Motive; mit Vorlagen in Originalgröße / Katja Slotty. – Freiburg im Breisgau: Christophorus-Verlag, 1992
(Hobby & Werken)
ISBN 3-419-53508-2

© 1992 Christophorus-Verlag GmbH
Freiburg im Breisgau

Styling und Fotos:
Ulrike Schneiders, Lindau
Umschlaggestaltung:
Michael Wiesinger
Reinzeichnungen:
Anne Marie Friedel
Reproduktionen:
Scan-Studio Hofmann, Freiburg i.Br.
Herstellung: Konkordia Druck GmbH, Bühl (Baden) 1992